D1736524

Un día nublado

por Robin Nelson

Mi primer paso al mundo real

ediciones Lerner · Minneapolis

¡Hoy es un día nublado!

2

Las **nubes** cubren el cielo.

Hay nubes altas y delgadas.

Hay nubes **planas** y bajas.

Algunas nubes
son **esponjosas**.

Algunas nubes
tocan el **suelo**.

Las nubes pueden
ser blancas.

También pueden ser grises.

Cuando está nublado, el cielo está cargado de agua.

La lluvia y la nieve caen.

Cuando está nublado,
vemos **sombras** de nubes.

Las nubes tapan el sol.

Cuando está nublado,
las montañas se esconden.

Los aviones vuelan por
encima de las nubes.

Cuando está nublado,
buscamos formas en el cielo.

¡Los días nublados
son divertidos!

Tipos de nubes

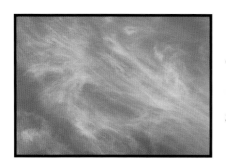

Las nubes blancas y delgadas que están muy alto en el cielo se llaman cirros.

Las nubes planas y grises de poca altura se llaman estratos. Estas nubes a veces se ven como muchas capas de nubes.

Las nubes esponjosas
se llaman cúmulos.
Pueden ser grandes
o pequeñas. Los
cúmulos pueden
ser de color blanco
o gris.

La niebla es una nube que se
forma cerca del suelo.

Datos sobre las nubes

Las nubes están formadas por diminutas gotas de agua y polvo.

El color de una nube te dice cuánta agua lleva. Una nube muy oscura carga muchas gotitas de agua. Mientras más oscura es la nube, ¡más duro va a llover!

Las nubes de tormenta pueden formarse a una altura de 10 a 11 millas (16 a 17.7 kilómetros) sobre la tierra.

Seguramente va a llover si las nubes de cúmulo están alto en el cielo o si hay muchos tipos de nubes al mismo tiempo.

Puedes hacer tu propia nube en un día frío. Sólo tienes que echar tu aliento al aire frío. ¿Ves la nube que se forma?

Una nube de cúmulo puede cargar aproximadamente 25 galones (95 litros) de agua.

Glosario

 esponjosas: suaves, ligeras e infladas

 nubes: grupos de gotas de agua o cristales de hielo que flotan en el aire

 planas: lisas y regulares

 sombras: formas oscuras que se ven cuando algo tapa la luz

 suelo: la superficie de la Tierra

Índice

Traducción al español: copyright © 2007 por ediciones Lerner
Título original: *A Cloudy Day*
Texto: copyright © 2002 por Lerner Publications Company

La edición en español fue realizada por un equipo de traductores nativos de español de
translations.com, empresa mundial dedicada a la traducción.

ediciones Lerner
Una división de Lerner Publishing Group
241 First Avenue North
Minneapolis, MN 55401 EUA

Dirección de Internet: www.lernerbooks.com

Las fotografías en este libro aparecen por cortesía de: © Richard Cummins, carátula, págs. 2, 8, 9,
10, 15, 18 (arriba), 19 (arriba); © Michele Burgess, págs. 3, 4, 7, 13, 14, 22 (2da desde arriba);
© Jeff Greenberg/Grant Heilman Photography, págs. 5, 22 (centro); © Steve Foley/Independent
Picture Service, págs. 6, 22 (arriba); © Betty Crowell, págs. 11, 12, 19 (abajo), 22 (2da desde
abajo y abajo); © Doug Crouch/CORBIS, pág. 16; © Raymond Gehman/CORBIS, pág. 17;
© Wisconsin Department of Natural Resources, pág. 18 (abajo).

Library of Congress Cataloging-in-Publication Data

Nelson, Robin, 1971–
    [A cloudy day. Spanish]
    Un día nublado / por Robin Nelson.
       p.   cm. — (Mi primer paso al mundo real)
    Includes index.
    ISBN-13: 978–0–8225–6209–2 (lib. bdg. : alk. paper)
    ISBN-10: 0–8225–6209–X (lib. bdg. : alk. paper)
    1. Clouds—Juvenile literature. I. Title. II. Series: Nelson,
Robin, 1971– . Mi primer paso al mundo real.
    QC921.35.N4518 2007
    551.57'6—dc22   2005036737

Fabricado en los Estados Unidos de América
1 2 3 4 5 6 – DP – 12 11 10 09 08 07